AV ROY.

SIRE, Les anciens Philoso-
phes auoient raison de
dire que si nous pouuions voir la
vertu à descouuert, nous serions rauis d'amour extreme pour admirer
son excellence, & publier par tout
ses perfections, lesquelles ne se peuuent comprendre qu'en les voyant :
mais on peut dire plus veritablemét
que ceux qui ont l'honneur d'approcher vostre Majesté, & contem-
pler à l'œil dans vos actions vn si
grand nombre de vertus, sont rauis
d'vn tel estonnement, qu'ils ne se
peuuent contenter de iouïr seuls de

cefte felicité, & font contraints de
publier par tout, le bon-heur de la
France, qui auoit bien eu auparauant
des Roys, lefquels auoient excellé
les vns en valleur, les autres en pieté
& iuftice , & autres vertus : Mais
qu'elle eft commandee maintenant
par vn Prince, en qui fe treuuent af-
femblees toutes les vertus de tous
les Roys fes predeceffeurs , & encore en vn degré plus parfaict &
plus éminent , & en faict reffen-
tir les effects auec admiration non
feulement de fes fubiects: mais de
toute la Chreftienté.

Ie n'ay point eu fi toft l'honneur
d'eftre au feruice de voftre Majefté,
que ie n'aye eu ce defir extréme d'ef-
crire & publier fes rares vertus: La
foibleffe de mon efprit , & de ma
plume, & mon peu d'experience,
m'ont retenu iufques icy: Et encore

plus la crainte que i'auois d'entreprendre vne chose impossible : car
les loüanges des autres Roys &
Princes se peuuent exprimer en escriuant & parlant : mais les vostres
ne se peuuent representer qu'auec
admiration, estonnemert & silence:
& qui voudroit entreprendre de les
descrire, auroit bien plus de peine
que celuy qui peignit tout le monde dans le bouclier d'Achilles.

On dit qu'Archimedes auoit com-
prins dans vn peu de verre toute la
machine du Ciel visible : Apelles
peignoit les esclairs, les tonnerres, &
tout ce que bonnement ne se pouuoit peindre: Mais il n'y a main si
subtile, pinceau si excellent, plume
si delicate qui puisse representer vos
vertus & perfections : ce discours
n'en contiendra qu'vn eschantillon,
laissant à d'autres d'entreprendre

vne chofe fi haute & fi difficile. Alexandre n'auroit voulu permettre à d'autres qu'à Apelles de tirer fon pourtraict. Augufte s'offenfoit fi quelqu'vn efcriuoit fes loüanges qui n'en fuft capable. Mais côme anciénement le Soleil receuoit les facrifices de la fourmie qui luy eftoient offerts par certains peuples : Auffi voftre Majefté reçoit benignement tout ce qui luy eft prefenté : & cefte douceur & facilité m'a donné la hardieffe & le courage de luy offrir ce difcours.

Les Roys ont efté eftablis de la main de Dieu pour commander aux peuples, c'eft d'où viennent les Sceptres & les Courónes, c'eft Dieu qui les donne, les conferue, les augmente côme il luy plaift. Les Payens mefmes parmy leur idolatrie l'ont creu, & l'ont faict cognoiftre en la peintu-

PANEGYRIQUE

DE LOVYS XIII. ROY

DE FRANCE ET DE Nauarre.

Par M. ANTHOINE DV LAVRENS, Conseiller du Roy, vn de ses Ausmoniers ordinaires & Abbé de S. Pierre de Vienne.

A PARIS,

M. DC. XXIIII.

re de Iunon; par laquelle ils repreſentoient la diuinité, laquelle ils peignoient tenant en vne main vne pomme de grenade, qui eſt le ſymbole des Empires : & en l'autre vn Sceptre qui eſt la marque de l'auctorité Royale; voulant dire que c'eſt la Diuinité qui gouuerne le monde & diſpoſe des Royaumes. Et ſi les payens l'ont recogneu, nous qui ſommes nourris en vne meilleure eſchole le deuons tenir pour vne verité certaine & aſſeurée, l'ayás aprins de la diuine ſageſſe; laquelle dit, c'eſt par moy que les Roys regnent, & les Princes rendent la iuſtice. Auſſi nos Roys ont touſiours recogneu releuer de Dieu, & tenir leur couronne de luy immediatement à l'exemple de ces Roys; leſquels dans l'Apocalypſe, aſſis à l'entour du throſne de Dieu, luy donnent leurs couronnes, comme à celuy seul qui les merite. La forme de couronner veut que l'inferieur soit couronné par le superieur. Auguste donna le Diademe à Herodes, Tibere à Tigranes Roy d'Armenie, Neron à Tiridates, Domitian à Decebalus: Mais nos Roys qui ne recognoissent rien pardessus eux, la reçoiuent de la main de Dieu. Au couronnement de Louys le Debonnaire, Charlemagne ne voulut pas luy mesme toucher à la couronne, de laquelle il deuoit estre couronné, & se contenta de luy commander de l'aller prendre sur l'Autel de l'Eglise de Reims, où elle estoit preparée & destinée à la ceremonie de cest acte, & la mettre sur sa teste, voulant faire entendre que ceste couronne ne venoit de la main des hommes. Aussi c'est Dieu qui par vne grace & faueur speciale a en-

uoyé du Ciel les Lys pour les armes
de France, afin que nos Roys reco-
gneuſſent tenir de luy, & leurs couronnes, & leurs armes. Titonus Prince de Troye donna anciennement le
nom de Lys à Suza, ville capitale du
Royaume de Perſe : car en langue
Perſienne Suza ſignifie des fleurs de
Lys : Mais c'eſt à nos Roys, & non à
ceux de Perſe, à qui les Lys deuoient
appartenir : Et Anaxarcus s'eſt bien
trompé quand il voulut autrefois re-
preſenter Alexandre le grand, eſleué
en vn throſne ſemblable à celuy de
Iupiter Olympien, que Pauſanias
deſcrit aſſis en vn throſne d'or & d'y-
uoire, & d'vne main tenant la victoire de l'autre vn ſceptre gracieux, qui
eſt la main de iuſtice, ayant en la teſte vne couronne d'oliues & ſon má-
teau ſemé de fleurs de Lys : le Lys
eſtoit reſerué aux Roys de France.

Comme aussi Dieu leur a donné en partage le plus beau cartier de la terre : Ce ne sont point les solitudes de Lybie, ny les deserts d'Egypte, ny les glaces de la Sarmatie : c'est vn pays non intemperé des chaleurs comme l'Affrique , non transi de glaces comme la Scytie : Mais qui en toutes ses parties a sa temperature esgale, & semble que la nature se soit estudiée à rendre la France seure & commode, & y faire seruir le reste de l'Vniuers: car elle l'a située entre des diuerses mers , elle est bornée de haultes & inaccessibles montaignes, de grandes & profondes riuieres, & au dedans a vn bon doux & fertile fonds: Elle est abondante en riches-ses, florissante en hommes, inuincible en armes , l'ornement de l'vni-uers, le iardin de l'Europe, où la na-ture a vuidé tous ses Thresors, pour

la faire la merueille du monde. Que
l'Eſpaigne doncques ſe vante en ſes
metaux, la Dalmatie en ſon or, la Ca-
labre en la quátité infinie de beſtial,
les Iſles fortunées en leurs oyſeaux,
Babilon en ſes draps de ſoye, la Phe-
nicie en ſon pourpre & eſcarlatte, la
Sparte en ſon albaſtre, la Sirie en ſes
laines, la Iudée en ſon baulme, la Ci-
licie en ſon ſafran, la Phrigie en ſes
ciprez, l'Afrique en ſa cire, le Liban,
en ſes cedres , l'Idumée en ſes palmes, Corinthe en ſes vaſes, la Cipre
en ſes poudres , les Indes en leur
yuoire, l'Ethiopie en ſon ambre, le
Leuant en ſon muſc, la Sicile en l'a-
bondance de ſes bleds, la Mauritanie
auec ſes fruicts , l'Arabie en ſes
odeurs, la Taprobanne en ſes pierre-
ries, le Nible en ſon miel, la Numi-
die en ſon marbre , l'Ocean en ſes
perles, la Troglodite auec ſa myrrhe

la Cirenie auec son sel, le nouueau
monde auec ses richesses & espisse-
ries. Tous ces peuples & Royaumes
ont quelque chose de particul·er &
de rare : Mais la France abonde ge-
nerallement en tout ce qui est neces-
saire, & pour la vie, & pour toutes les
commoditez que l'on sçauroit desi-
rer.

Mais parlant de la France ie ne
puis, SIRE, obmettre vostre ville de
Paris: c'est le siege Illustre du Royaume, la lumiere des villes, la fontaine
des muses, nourrice des sciences, pa-
tronne de toutes les vertus, le
temple où la Iustice souueraine
rend ses oracles, throsne de pieté &
de deuotion, chef-d'œuure de tant
de Roys, miroir de leurs ouurages: &
semble que le Ciel & l'air qui enui-
ronnent ceste grande ville respirent
en elle vne majesté digne de regner

par deſſus toutes les autres villes du monde,elle eſt admirable au grand & infini nombre du peuple,dont elle abonde : & ce qui ſurpaſſe toutes les merueilles,à peine peut on diſcerner ſi Paris eſt dans le monde, ou ſi le monde eſt dans Paris. Auguſte fit porter en la ville de Rome vne poignée de toutes les terres du monde,dont auec le temps vint & creuſt vne petite montagne. On peut dire le meſme de la ville de Paris: car rien ne luy deffaut que ce qui ne ſe trouue en aucun lieu : C'eſt le paradis du Royaume,l'Iſle fortunée de la France,l'excellence de noſtre hemiſphere, ville plaiſante & agreable en ſon aſſiette,en la beauté de ſes baſtimens , en la grandeur de ſes richeſſes, la plus belle vile que le ciel couure,que la terre ſou.tienne, que le Soleil eſclaire.

Et si la nature s'est monstrée si li-
berale énuers la Fráce, Dieu l'a voulu combler de toute sorte de benedi-
ctions, luy ayant donné des Roys ac-
complis de toutes les graces & vertus, dignes pour commander heu-
reusement à des peuples. On disoit
anciennement des Empereurs Romains, que le nombre des bós estoit
si petit qu'ils se pouuoient enclorre,
& enchasser dans vn anneau : Mais
nous pouuons dire de nos Roys, que
le nombre des bons en est si grand,
qu'il ne s'en pourroit presque point
trouuer d'autres : Ce sont eux qui
ont répli l'Europe, l'Asie, & l'Afrique
de trophées sur les ennemis du nom
Chrestien, & qui pour la deffence &
accroissement du christianisme, ont
couuert la mer de vaisseaux, rempli
la terre de soldats, enuironné le móde de la gloire, & splendeur de leur

nom, & pour ceste grande pieté & deuotion, ont esté décorez de plusieurs beaux tiltres, appellez fils aisnez de l'Eglise : Tiltre qui leur fut donné au premier Concile d'Orleans, Princes tres Catholiques, deffenseurs de la foy, protecteurs de la Chrestienté, Princes tutelaires du sainct Siege, Asyle des Papes, Roys tres chrestiens. Tiltre que sainct Ambroise escriuant à l'Empereur Gratian, disoit qu'il n'y en auoit point au monde qui honorast vn Roy dauantage. Toutes ces prerogatiues vous sont communes, auec tous les Roys vos predecesseurs : Mais Dieu qui a voulu faire en vous vn miracle en la nature, vous en a donné des particulieres, qui sont tres hautes & tres-augustes.

Et s'il faut parler de vostre naissance, elle ne pouuoit estre que pleine

de merueilles : les fleuues iſſus de
deux grandes ſourçes meſlées enſemble ſont ordinairement grands,
vous eſtes né du plus grand Roy qui fut
iamais, & de la plus grande Royne
qui ſoit au monde:nos ſiecles n'ont
rien veu de plus vaillant que le feu
Roy voſtre pere ; c'eſtoit le premier
Capitaine de l'Europe, le bouclier
de la Chreſtienté,qui a rempli toute
la terre de ſon nom & de la terreur
de ſes armes, ſ'eſtant trouué victorieux en trois ſanglantes batailles:
trente cinq récontres d'armées:cent
quarante combats,& trois cents ſieges de places: & la nature a versé à
pleines mains ſur la Royne voſtre
mere tout ce qu'elle auoit de plus
rare. Le Soleil qui la voit auec admiration,depuis qu'il tourne le monde
n'a rien veu de ſemblable. La France
& toute la Chreſtienté luy eſt fort
obligée

obligee d'auoir mis au monde vn ſi
grand Roy, & de l'auoir faict eſle-
uer auec autant de ſoing, que la
Royne Blanche fit autrefois ſainct
Louys. Auguſte encore ieune ayant
eſté eſleu Empereur, changea les
Aigles qui eſtoient les enſeignes des
legions Romaines en des Globes,
pour monſtrer qu'il eſtoit maiſtre
de tout le monde. Ne deuons nous
pas croire que les Globes qui ſont
les armoiries de ceſte grande Royne, ioincts auec les fleurs de Lys, vous
rendront vn iour maiſtre de tout le
monde?

Le iour de voſtre naiſſance a eſté
le commencement de noſtre foeli-
cité, Dieu nous ayant teſmoigné
combien il ayme la France, de nous
auoir donné de ſa main vn Prince
en qui ſont les graces, & les plus rares perfections du Ciel. Vn ancien

B

disoit que les Romains deuoient bien rendre graces aux Dieux, de ce que Scipion qui estoit si grand personnage estoit né dans Rome : nous auons plus d'occasion de louër Dieu qu'il ait faict naistre nostre Roy, pour regir cest estat qui semble n'auoir point d'autre ame ny d'autre vie que la sienne. Il y eut vn Prince à Rome, dont la nayssance de son Empire fut si agreable au peuple Romain, que Suetone escript qu'en moins de trois mois on immola pour gratifier leurs Dieux, plus de cent mille victimes : à vostre naissance vos peuples vous ont sacrifié, non des simples victimes, mais leurs cœurs ardans & bruslans d'affection & d'amour. La resiouyssance a tousiours esté tres-grande à la naissance des Princes : Ainsi en ceste grande Monarchie des Perses, le

iour de la Natiuité du fils aifné heritier du Royaume , eftoit celebré a-
uec pompe & magnificence des
grands, & ioye vniuerfelle de tous
les fubjects, iour de là en auant an-
niuerfaire par folemnels facrifices de
toute l'Afie : la France a toufiours
veu auec vn cœur ioyeux, la naiffan-
ce de fes Princes , mais iamais auec
plus d'occafion que la voftre.

Vous ne fuftes pas fi toft nay,
qu'auec vos vertus qui preuenoient
l'aage & le temps, vous fiftes paroiftre fur voftre vifage vne Majefté digne des couronnes, auant que voftre tefte lors tendre & delicate les
peuft porter,& vos mains encore foi-
bles meriter des palmes, & des fce-
ptres, auant que de les pouuoir fou-
ftenir, & voftre enfance eftonna la
nature. Dieu vous auoit donné la
vertu & la force du corps & de l'ef-

prit auant le temps , le iugemēt &
la prudence vous font venus pluftoft
qu'aux autres. Les Roys nayffent capables de ce que le téps acquiert au
refte des hommes. C'eft pourquoy
Palas dans Homere faict deuenir les
Princes beaux, grands & vertueux en
vn moment , les Roys font grands
dans le Berceau. Hercules fi toft
qu'il fut né , & dans le maillot mefme eftouffa les plus effroyables Ser-
pens, que la haine de Iunon fut capable de luy fufciter. Ce font fables :
mais qui foubs leurs voiles cachent
vne verité que les grandes ames pa-
roiffent auffi toft qu'elles font nees.
Ainfi nos Roys ont efté declarez
majeurs, & iugez capables de tenir
le premier fceptre de la terre, a vn
aage auquel pour manier vn petit
patrimoine, tout le refte des hommes eft mis foubs le gouuernement

d'vn curateur: il n'y a point d'enfance en la vie des Roys, & c'eſt de leur
ame comme du Soleil, qui ſe mon-
ſtre auſſi grand en ſa nayſſance comme en tout le reſte de ſon cours: les
ames des Roys ſont touſiours Royalles. Les petits ayglons ne ſont ſi
toſt eſclos qu'ils regardent fixemét,
& hardiment le Soleil de leur petite
prunelle: il y a vn poiſſon lequel auſſi toſt qu'il eſt né engendre ſon ſemblable: les petits Lionceaux ſortent
du ventre de leurs meres auec leurs
griffes & leurs dents en perfection:
l'eſpine Royalle en Babilone germe
le meſme iour qu'elle eſt entrée có-
tre l'ordinaire de la nature: les oran-
gers comme les vignes de Smyrne
portét en meſme temps & les fleurs
& les fruicts: la plus part des Princes ont auant le temps la prudence,
& capacité de gouuerner vn eſtat.

Et la nature mefme l'a voulu publier en vous, par vne efpece de miracle, blanchiffant vos cheueux auát
le temps, à fin qu'on fceuft que Dieu
vous auoit donné vne fageffe incomparable, laquelle felon le cours
de la nature ne fe peut acquerir
qu'auec vne grande experience , &
fuitte de plufieurs années. Il eft bien
veritable que c'eft à la vieilleffe qu'il
appartient de commander, & qu'à
la derniere faifon de noftre aage, la
nature a referué le maniment des
peuples, & la conduitte des eftats;
Car comme la prudéce eft vne qua-
lité neceffaire au commandement,
elle ne fe plaift que parmy les rides
& les cheueux blancs , & ne fe laiffe
poffeder qu'à ceux de qui l'aage s'eft
efcoulé dans l'experience des affai-
res: mais c'eft au commun des hommes que la nature a prefcript cefte

loy, & non à ceux qu'vne grande ex-
traction appelle aux dignitez rele-
uées: car comme la nature les faict
naistre pour commander, aussi les
fauorise elle de quelques particulieres qualitez qui les en rend capables, leur donnant elle mesme ce
que le temps acquiert à ceux qui
sont de moindre condition.

Les anciens Poëtes pour faire cō-
gnoistre que les Roys sont sages deuant le temps, ont feinct que Tar-
chon Roy de Toscane, & Cignūs
Prince Troyen estoient nays tous
chenus & blancs, cóme s'ils estoient
des ja attains de vieillesse, pour mó-
strer qu'il ne falloit pas mesurer la
vertu des souuerains à l'ordinaire
des autres: mais s'il faut parler sans
fiction, il se treuuera peu de Roys,
ausquels la nature ait imprimé ses
marques visibles de sagesse, & quād

gola s'eſt rencontré elle a produict
de grands & admirables Roys. Numa ſecond Roy des Romains eſtoit
blanc, & chenu en ſa ieuneſſe , ſi
nous voulons croire à ce qu'en rapporte le Prince des Poëtes. Auſſi il a
eſté vn des plus ſages Roys qui ait
iamais regné, & veſcut quatre vingt
ans. Strabon a eſcript que le Roy
Tarquin premier du nom en ſa ieuneſſe eſtoit blanc & chenu, & que
pour ce ſubject il fut ſurnommé
Tarquin l'ancien : auſſi il fut doüé
d'vne ſageſſe & valeur, grande & incomparable, & regna longuement
& heureuſement. On a remarqué
de luy qu'en ſa jeuneſſe, vn iour vn
aygle luy enleua doucemét ſon cha-
peau qu'il auoit ſur ſa teſte, dequoy
les augures conſultez, donnerét vn
preſage certain qu'il ſeroit vn iour
Roy: & peut eſtre ayát veu paroiſtre
ſa cheueleure blanche, cela leur dó-

na vn iugement certain d'vn grand
esprit, & digne de cómander. L'Empereur Trajã a esté vn des meilleurs
Princes du monde. Pline parlant de
luy, dit que les Dieux, par vne faueur
specialle, auoient aduancé & preue-
nu en luy les marques honorables
de la vieillesse pour accroistre sa Majesté,& la rendre plus auguste & plus
venerable. On remarque que les
Roys qui ont blanchi deuant le téps,
ont vescu vn grand aage,pource que
Dieu ayant par ceste marque singu-
liere, fait paroistre en eux vne vertu
extraordinaire, & pardessus les autres Princes, les veut aussi conseruer
longuement, & prolonger leur vie
pour le bien & soulagemét des peuples,& conseruation des Royaumes:
C'est pourquoy nous deuós esperer
que Dieu fauorisera la Fráce,en vous
donnát vne longue & heureuse vie.

Ie n'oublieray pas que vous auez

esté couronné & sacré ieune, qui est
vne grace speciale de Dieu, pour ce
que la vertu diuine paroist plus en
cest aage, qu'en vn plus aduancé: Pe-
pin fit sacrer de son viuant Charlemagne encore enfant, Louys le Debonnaire fut consacré Roy d'Aqui-
taine à Rome par le Pape Adrian à
l'aage de huict ans, Philippes Auguste fut sacré Roy à l'aage de sept ans,
& sainct Louys se trouua Roy aagé
seulement de douze ans, Salomon
fut sacré Roy à dix ans, Ioas fut esleu
Roy, & oinct n'ayant que sept ans :
aussi ayant esté couróné Roy & oint
ieune, Dieu a faict voir en vous de
grandes merueilles de sa puissance :
On reputoit heureux vn Roy de Perse, de ce qu'il estoit venu ieune à vn si
puissant estat. On disoit à vn Empereur qu'il deuoit plustost venir à
l'Empire, afin de commander plus

long temps : Mais la France est bien
heureuse de ce que vous estes venu
ieune à la couronne, pource que vostre regne en sera plus grand & de
plus longue durée, & nostre felicité
d'autant plus grande qu'elle durera
plus longuement.

Tous les roys & les Princes ont
voulu choisir des tiltres eminents
pour se rendre recommendables à
la posterité, les vns se sont faicts appeller augustes, les autres heureux,
pieux, debonnaires, bons, grands,
triomphans, inuincibles : les autres
ont prins autant de tiltres qu'ils ont
conquis de Prouinces : d'autres se
sont fait appeller forceurs de villes,
victorieux, conquerans : tous ces
noms & tiltres illustres vous appar-
tiennent : mais vous n'en voulez
point d'autre que celuy de Iuste qui
s'est trouué escript dans le ciel : pour-

ce que vous estes venu au monde
lors que le Soleil entroit au signe de
la balance qui represente & figure
la iustice : & lors qu'estant en la li-
gne equinoctiale, il depart egalle-
ment sa lumiere à toutes les parties
du monde : esperance certaine d'vn
regne fort heureux, veu qu'en vostre naissance la Iustice vous est es-
cheuë en partage. Romulus & Auguste nasquirent en ce mesme téps,
& estant le Soleil au signe de la balance, tous deux ont eu grand soin
de faire rendre la Iustice à leurs sub-
jects : Romulus ayant institué cent
Senateurs , & Auguste n'ayant iamais rien voulu ordonner sans l'aduis du Senat : aussi leur regne a duré
longuement , & celuy d'Auguste a
esté si heureux, si paisible, & si doux,
que nostre Seigneur a voulu naistre
& venir en ce monde pendant son

regne : & ce tiltre de Iuste est vraye-
ment Royal, & propre à ceux que
Dieu a establi pour commander aux
peuples : C'est pourquoy Homere a
tres bien dit, que les Roys ne sont
establis que pour faire & exercer la
Iustice. Entre les Perses celuy des enfans du Roy, qui estoit le premier né,
& consequemment heritier de la
couronne, parmy les autres prece-
pteurs en auoit vn en particulier
qui luy apprenoit soigneusement
comme il falloit rendre la iustice à ses subiects : n'estimant pas
qu'il peust bien commander sans ceste science : Et pour mesme raison
aux peintures de Iupiter que faisoiét
les payens, ils luy donnoient pour
assesseurs les Loix, & la Iustice, comme si luy mesme ne pouuoit regner
dans le Ciel sans icelles. Agesilaus
oyant en sa presence parler du Roy

de Perſe qu'on appelloit grandRoy:
Et en quoy, dit il, eſt-il plus grand
que moy,s'il n'eſt plus iuſte?il meſu-
roit les Roys à la Iuſtice. Cirus diſoit
qu'il s'eſtimoit aſſez fort, pourueu
qu'il fuſt aſſez iuſte. Iob qui eſtoit
Roy,recognoiſſant que la Royauté
eſtoit obligée à la Iuſtice,diſoit qu'il
eſtoit enuironné de la Iuſtice, cóme
d'vn veſtemét.Et à la verité la Iuſtice
eſt le vray manteau Royal: Et le Pro-
phete Ieremie dit que le propre des
Roys eſtoit de faire la iuſtice & deli-
urer ceux qui eſtoient opprimez : il
eſt dit de Dauid qu'il a regné ſur
Iſraël,& faiſoit Iuſtice : voulant dire
que c'eſtoit proprement regner,que
de rendre la Iuſtice. Vous ſurpaſſez
tous ces Roys en la Iuſtice, & imitez
en cela le Soleil,lequel comme il ne
marche que par compas, & par me-
ſure; auſſi vous dreſſez toutes vos

actions à la mesure & reigle de la Iuftice: le Soleil n'outrepasse iamais ses
bornes, vous vous tenez touſiours
dans les limites que Dieu vous a
preſcriptes: le Soleil ne ſéiourne iamais plus en vne maiſon qu'en l'autre: vous ne fauoriſez en Iuſtice non
plus le gråd que le plus petit, & il ſeroit auſſi difficile de diuertir le Soleil
de ſon cours, & voyage accouſtumé,
que voſtre Majeſté du ſentier de la
Iuſtice.

Philoſtrate diɛt que le throſne des
Roys de Perſe, eſtoit ſoubs vne vou-
te faiɛte de fin ſaphir ſi ingenieuſe-
ment rapporté, qu'il repreſentoit le
Ciel auec tous ſes aſtres & tous ſes
mouuemens, & que là le Roy faiſoit
ſa Iuſtice: il vouloit dire que les Roys
cóme petits Dieux en terre, ſont en
leur throſne cóme en vn ciel, & doiuent iuger comme Dieu qui iuge les

hómes sans passion. Le champ d'A-
sur, & les fleurs de Lys d'or dë vostre
lict de Iustice, nous representent le
throsne de Perse, & le Ciel estoillé
où la Iustice se rend aussi bien
qu'en part du monde.

Iustice d'autant plus grande, que
vous semblez vouloir assubiettir vostre Majesté Royale à la puissance
des loix. Les Roys donnent grand
credit à la Iustice, qui premiers se
submettent à l'execution d'icelle:
l'exemple d'vn Roy est plus puissant
que son auctorité, la vie du Prince est
vn canal d'où se distillent les affe-
ctions, dont le vulgaire s'abreuue:
c'est vn feu qui transforme en sa nature tous ceux qui s'en approchent,
son exemple coule en ses subiects, &
ses mœurs se trouuent pointes au vif
& naturel sur le cœur de son peuple:
nous laissons emporter nos esprits

aux

aux volontez des Roys, nous prenôs
leur teinture, tant l'exemple du Prince est de consequence. Pline parlant
du serment que fit Trajan: voicy, dit-
il, vn cas estrange que l'Empereur
iure de garder les loix : le Prince est
sur les loix ; c'est luy qui les faict, &
neantmoins icy les loix sont sur le
Prince, veu qu'il iure de les garder :
L'Empereur Theodose disoit que la
grandeur d'vn Prince consistoit de
soubmettre sa principauté aux loix.
Pindare appelloit la loy Royne des
Dieux & des hommes: Et sainct Iean
Chrysostome dit qu'on se peut
tromper en suiuant l'homme : mais
en suiuant la loy on ne peut iamais
faillir : Philon dict que le Roy est
vne loy animée, & la loy c'est vnRoy
iuste.

Et si vostre iustice reluit en temps
de paix, vostre courage & valeur pa-

roiſt encore plus en temps de guerre,vos actions heroïques & glorieu-
ſes,vos combats, victoires & triomphes, ſont ſi grands, & en ſi grand
nombre,que celuy là ſera eſtimé les
louër beaucoup, qui pourra ſeulement les racóter fidellemét,& la poſterité ne pourra iamais croire qu'é
ce ſiecle ait eſté faict, ce que ny deuant ny apres n'auoit eſté veu ny en-
tendu. Vous effacez la gloire de tous
les Roys & Princes du monde qui
vous ont precedé,donnez de l'enuie
à tous ceux qui ſont à preſent, &
oſtez le moyen à tous ceux qui vien-
dront apres vous de vous pouuoir iamais imiter.

Aux mouuemens qui ſont arriuez
en voſtre Royaume, on vous a veu
tout auſſi toſt monter à cheual : Et ſi
voſtre ſeruice eſtoit troublé en quel-
qués lieux,aux premieres nouuelles

de voſtre venuë chacun ſacrifioit à voſtre obeiſſance : on vous trouuoit par tout où voſtre preſence eſtoit neceſſaire, il ſembloit que voſtre canon & vos regimens euſſent des aiſles, l'on comptoit les iournées que vo⁹ faiſiez pour autant de villes que vous preniez : comme on diſoit de Pompée en pourſuiuant Mithridates, qu'il contoit les victoires par ſes iournées, & les ſieges par ſes logis.

On dit de Mercure qu'auſſi toſt qu'il fut né on luy donna pour nourrice les heures, c'eſt à dire la diligence & la promptitude, le temple deſquelles n'eſtoit iamais fermé : Auſſi ce ſont les heures, le temps & l'oportunité qui donnent les victoires, & font reüſſir les grands deſſeins. Plutarque a dict de Ceſar lors qu'il eut paſſé le Rubicon, que toute l'Italie fut tellement effrayée de le voir ſi ſoudain, que vous euſſiez dict que les villes meſmes toutes entieres s'enfuyoient de l'vne à l'autre : Mais icy tout au contraire, il ſembloit que les villes & les Prouinces toutes entieres ſe leuoient de leurs places, pour vous offrir la ſubmiſſion & & obeiſſance qui vous eſtoit deuë : ayant comme vn autre Neptune par voſtre ſeule preſence calmé & appaiſé la tourmente qui s'eſtoit eſmeuë, ou comme vn autre Soleil auec les rayons de voſtre auctorité& puiſſance, diſſipé toutes les nuées & brouillards qui s'eſtoient eſleués en diuers endroits. Cteſias Medecin du Roy Cyrus, a eſcrit qu'il y a aux Indes vne fontaine en forme quarrée ; de laquelle on puiſe grande quantité d'or ; & au fonds d'icelle il y a du fer qui a ceſte proprieté, que les eſpées

qui en sont faictes , fichées en terre,
font cesser les vents, les gresles & les
nuages, comme il dict auoir veu par
deux fois experimanter au Roy Cyrus : vostre espée a ceste vertu que
lors que l'on l'a veuë reluire, la seule
veuë a dissipé les brouillards & les
nuages des troubles qui nous sem-
bloient menacer. Et si on considere
vos voyages, on trouuera que vous
n'auez faict que courir : mais qui
voudra cósiderer ce qui s'y est passé,
combien de villes prinses & de Prouinces reduites , ne pourra croire
tout cela auoir esté faict en si peu de
temps,& en courant:vous auez faict
vn nombre infini de grands & heroïques exploicts auec tant de diligence,que ceux qui considererót les
combats,& les rencontres de vos armées,tiendront qu'elles ne l'arreste-
rent iamais: & ceux qui conteront

les sieges que vous auez faict, croi-
ront que vos armées auront toufiours campé.

Ie ne peux, Sire, passer soubs silence vostre voyage de Bearn, entreprins courageusement par vostre
Majesté, pour y restablir la religion
Catholique, & faut recognoistre ve-
ritablement que vous y auez esté
conduit par la main de Dieu. On disoit que les Dieux estoient tousiours
à la main droitte d'Emilius, pource
qu'il auoit aussi tost les prieres à la
bouche que l'espee au poing, &
qu'au plus fort du combat il les in-
uoquoit à son secours. Quelle faueur pouuiez vous esperer de Dieu
en ce voyage de Bearn, y allant pour
l'aduancement de sa gloire, & pour
le restablissement de la foy, & de la
religion Catholique ? Vous estiez armé de la Vertu du Ciel : aussi vostre

pieté estoit bien recompensée de
Dieu, vous augmentiez la foy & la
religion, & luy vostre gloire.

Vous n'eustes pas si tost mis le
pied dans le Bearn, que les habitans
de la ville de Pau vous enuoyerent
leurs députez: mais vous n'y voulu-
stes pas entrer qu'on ne fist premie-
rement reconcilier l'Eglise, afin d'y
pouuoir aller rendre graces à Dieu:
& comme vostre Majesté fut arriuée
dedans la ville, ayant faict celebrer
la saincte Messe, & faict faire vne
procession solemnelle, vous auriez
remis les Ecclesiastiques en leurs
biens & dignitez.

Mais on ne sçauroit exprimer la
ioye & le contentement que le peuple Catholique receut de vous voir,
ils auoient plus de subject de dire,
que ceux qui estoient ja decedez
estoient priuez d'vne grande ioye &

contentement, que n'auoit Demaratus le Corinthien, ayant veu Alexandre en la ville de Suze, aſſis dans le throſne de Darius.

La ville de Nauarrins, que les habitans d'icelle eſtimoient eſtre la plus forte du pays, bien munie & capable de reſiſter à des forces Royalles: auroit en meſme temps flechy ſoubs voſtre obeïſſance; & ce qui eſt remarquable, il y auoit cinquáte ans le meſme iour & le meſme mois, que les Eueſques, & autres Eccleſiaſtiques, auoient eſté chaſſez de leurs biés. On dit qu'à Athenes la ſaincte Lápe s'eſteignit du téps d'Ariſtéon, en la ville de Delphes, lors que le téple fut bruſlé par les Medois, à Rome du temps de la guerre que les Romains eurent contre le Roy Mitridates. Il eſt dit aux Macabées du feu du Sanctuaire, qu'il demeura long

temps caché au fonds d'vn puits
pendant la captiuité des enfans d'If-
raël en Babylone. Auſſi la ſainƈte
Meſſe auoit eſté comme eſteinte &
abolie par l'eſpace de cinquante ans:
mais depuis elle auroit eſté reſtablie
par voſtre Majeſté, aſſiſtée des graces & faueurs ſpeciales de Dieu. Ara-
tus ayant reprins la ville de Corinthe, remit en leurs biens tous ceux
qui en auoient eſté chaſſez par l'eſpace de cinquante ans, depuis Mar-
cus Regulus, iuſques au grand Scipion l'Affriquain;il y auoit cinquáte
ans que nul Capitaine Romain eſtoit
entré en Affrique auec vne forte armée :& ce n'eſtoit ſás cauſe que tout
eſtoit plein d'effroy & de trouble:il y
auoit cinquante ans qu'on n'auoit
point veu d'armée Royale en Bearn:
c'eſt pourquoy à la venuë de voſtre
Majeſté, ceux de Nauarrins effrayez

& troublez, vous auroient ouuert les portes de leur ville. Le temps de cinquante ans, est année du Iubilé, année de remission, qui estoit le terme ordonné de Dieu en l'ancienne loy; apres lequel tous les absens deuoiét retourner à leur patrie, rentrer en leurs possessions, estre remis en leurs droicts. C'estoit vn vray Iubilé pour les habitans de Bearn, accompli à la restauration de la vraye & legitime liberté.

Et si au point du iour, si souuent veu au monde, toutes choses deuiennent guayes & riantes : Les herbes qui estoient comme flaistries par la nuict se redressant, semblent rendre graces au Soleil naissant, de ceste vertu infuse: Les oyseaux remplissans l'air de leurs chants & gasouïllemés viennent au deuant de luy pour le saluër: Les bestes les plus sauuages

& farouches fortans de leurs tanie-
res fe reiouïffent à la venuë de fa lumiere, quelle ioye, refiouyffance &
confolation peut on imaginer, que
les habitans catholiques des Nauar-
reins ont receu, ayás efté depuis cinquante ans en tenebres, d'auoir veu
paroiftre vne nouuelle lumiere fur
eux, vn nouueau iour, vn iour perpe-
tuel , & qui ne fera iamais fuiui
d'aucune nuiĉt ? On dit que la fortune auoit porté dans quinze iours,
les armes victorieufes d'Emilius par
toute la Macedoine: On dreffa à Ser-
uius Tullius Roy des Romains à Rome, vn téple de la fortune obeïffan-
te : & on dit de Metellus que la fortune eftoit fa captiue , & dormoit à
fes coftez : mais voftre Majefté dans
cinq iours qu'elle auroit fait de fe-
iour en Bearn, auroit reduit tout le
pays en fon obeyffance , & prins vn

nombre infini de villes, & si fortes que iusques à vostre venuë on les auoit estimées imprenables, comme elles l'estoiét à tout autre qu'à vous: Comme on disoit de Hannibal, que les Alpes estoient inaccessibles, & les rochers impenetrables à tout autre qu'à luy. Et ce n'est pas sans cause que les Poëtes feignoient ancienne-ment la victoire auec des aisles, par-ce que les Princes qui marchent auec la fortune ne courent pas, mais volent : Et en ce voyage de Bearn, on ne sçait qu'on doit plus admirer, ou vostre valeur & courage, ou la prom-ptitude en l'expedition, ou vostre pieté & zele en la religion : voyage si heureux, que l'air qui a tousiours esté clair & serain pendant vostre se-iour, a tesmoigné vne resiouïssance, comme au ioyeux aduenement de l'Empereur Honoré ; l'air qui auoit tousiours pleu auparauant, à l'heure de sa pompe se rendit tout serain : La terre a tressailli de ioye, comme elle fit à l'Empereur Carinus sur le bruit de sa proche ariuee. Bref l'air, la terre, les Elemens combatent à l'enuy, voire forcent la nature de desployer ses thresors pour honorer ceux qui soubs vne face humaine couurent les clairs rayons de la diuinité.

Aux autres voyages que vous auez faict depuis, vous auez faict voir que vous estiez vn tres grand Capitaine, ayant esté nuict & iour à cheual, accompagné d'vn bon-heur admirable en la reduction des villes & Prouinces. On dit que la fortune trainoit dans des filets les villes toutes prinses au cheuet du lict de Demetrius : Caton disoit auoir autant prins de villes en Espaigne, qu'il y auoit demeuré de iours :

Timoleon dans cinquáte iours qu'il
eut mis le pied en la Sicile, eut entre ſes mains le chaſteau de Sira-
cuſe, & enuoya Dionyſius priſon-
nier à Corinthe: vous auez preſque
comme en vn momét,& comme en
vn coup d'eſclair, prins vne infinité
de villes & places,que d'autres Roys
euſſent tenu à grád heur d'auoir peu
dópter en vn ſiecle,auec toutes leurs
forces vnies de leurs armées redou-
tables: à quoy neátmoins la fortune
n'a point eu de part, tout eſt deu à
voſtre valeur & courage. Timothée
Athenien comme ſes enuieux attri-
buaſſent ſes beaux faicts de guerre à
la fortune, & l'euſſent repreſentée
en des tableaux qui luy apportoit les
villes toutes priſes & enueloppees
dans des rets & dans vne naſſe pendant qu'il dormoit, il s'en faſcha di-
ſant qu'on luy oſtoit la gloire qui

luy appartenoit. Mais ceste loüange que Timothée se vouloit faussement attribuer, vous est deuë iustement. La fortune n'a point eu de part en vos victoires : ce n'est pas en dormát que les villes se venoiét rendre à vous, vous alliés dans les tranchees &dans les perils, tous leschefs, capitaines & soldats vous admiroiét, meslátvostrauaux & sueurs auec leurs peines & fatigues : vous estiés present à leurs combats, ausquels vous donniés l'ordre & le commandement. Et comme Achilles dans Homere qui animoit de ses yeux les hommes au combat, vostre presence eschaufoit les soldats : comme on dit que le Naphte enflamme l'air qui est à l'entour de luy : vous auiés soin des blessez, & par vostre exemple donniés courage à tout le monde. Et si les soldats à la presence de Cesar souſtenoient les fatigues, s'expoſoiét aux dangers, & s'offroient librement aux coups & à la mort pour acquerir de la gloire aux yeux de leur Capitaine: qu'eſt-ce que ne faiſoient les gens de guerre? à quels perils ne s'expoſoient ils pas en la preſence, non d'vn Ceſar, mais du plus grand Roy du monde? Et le temps viendra que l'on fera voir à la poſterité, & auec admiration, les lieux où vous auez paſſé, les cabanes & maiſonnettes où vous auez logé, habitees par vn ſi grand hoſte, toutes marques de vos trauaux glorieux.

Entre leſquels la journée de Rié eſt memorable. Le ſieur de Soubiſe ayant leué des trouppes de ceux de la Religion pretenduë reformée, & marchant en la campaigne en corps d'armée auec du canon, ſur l'aduis que vous en auriez eu, vous ſeriés

tout auſſi-toſt ſorty de voſtre ville
de Paris, & arriué auec vne incroyable diligence à Nantes. La premiere fois que Ceſar partit de Rome il
fit vne telle diligence, qu'il arriua en
huict iournees à la riuiere du Roſne:
ce qui eſtonna grandement ſes ennemis. Theſee ayât dreſſé ſon équi-
page promptement, monta ſur mer
premier que les Candiots en fuſſent
aduertis; de ſorte qu'eſtant deſcen-
du en terre il print la Candie ſans re-
ſiſtance. Auſſi le ſieur de Soubiſe
ſurprins de voſtre ſi prompte & ſou-
daine arriuee, auroit eſté tellement
eſpouuanté, qu'il ſe ſeroit retiré en
l'iſle de Rié, & auec ſon armée com-
poſee de ſix à ſept mil hommes de
pied, ſix à ſept cens cheuaux, où il
ſe pouuoit deffendre contre la plus
grande & puiſſante armée du monde. Et encore que ce fuſt contre tou-

te apparence humaine d'aller atta-
quer vne armée, laquelle mesme on
ne pouuoit approcher, estát deffen-
duë par l'assiette fauorable du lieu,
& qu'il y eut vn bras de mer à passer
de la largeur de cinq à six cens pas:
ce neantmoins comme Alexandre
au passage de la riuiere du Granique,
ayant vne armee ennemie en teste,
estant dissuadé par la pluspart de ses
capitaines de passer, ou du moins
supplié de differer ce passage, entra
le premier dedans la riuiere. Vostre
Majesté eut vne telle resolution &
courage, qu'encore que la nuict fust
fort obscure, contre l'aduis de tout
le monde vous vouluftes passer auec
vostre cauallerie. On disoit des yeux
de Tibere qu'ils voyoient la nuict
comme en plein iour. Mais il est
sans exéple qu'vn Roy en vne nuict
obscure ait passé vn bras de mer,

ayant en teste vne armee ennemie.
Lucullus estant arriué à Euphrates,
l'ayant trouuee enflee & impetueu-
se, sur le soir elle se baissa si fort, que
se trouuant reduite à son cours ordinaire, le peuple creut qu'à son arriuée le fleuue s'estoit soudainement
soubmis à luy, & s'estoit rendu doux
& traictable pour luy donner seur &
facile passage. On deuoit encore
plus admirer vostre Majesté, & croire que Dieu vous guidoit, de fauori-
ser vostre passage à vne nuict si obscure, & allât chercher vos ennemis.
Le mesme Alexandre allant contre
le Roy Porus, ayant passé la riuiere
d'Hidaspés qui estoit fort grande &
desbordee, se trouua entre deux
mers mal asseuré, mais il ne laissa
d'obtenir la victoire. Vostre Majesté
ayant passé l'eau auoit à la main
droicte la pleine mer, & derriere ce

bras de mer n'eſtât plus en ſon pouuoir de repaſſer à cauſe que la mer re-
môtoit, & vous vous trouuiez enclos
& enfermé entre deux mers. Mais
vous ne pouuiez eſtre enfermé, veu
que dás le rond de voſtre vertu, vous
pouuiez enclorre & enfermer la fortune ; paſſage digne d'vn eternel
trophee, où la vaillance qui ſembloit
eſtre renfermee reprint nouuelle
force. Timoleon voulant paſſer la
riuiere de Damyras pour combattre ſes ennemis, ſur le debat qui ſuruint entre ſes capitaines qui paſſe-
roit le premier, print de chacun
d'eux vn anneau, & les ietta tous
dans les replis de ſon manteau, & les
ayans meſlez enſemble, en tira vn,
le premier par haſard, auquel il y
auoit la figure d'vn trophee engra-
ué. Ce que voyans ſes capitaines, &
prenans cela pour vn augure de la

victoire, se mirent à l'instant à paſſer la riuiere le plus viſtement que
chacun peut, & auſſi toſt à charger
les ennemis, leſquels ne peurent
ſouſtenir leur effort, & ſe mirent
en fuitte. Voſtre infanterie eſlon-
gnee d'vn quart de lieuë de voſtre
Majeſté, vouloit attendre que l'eau
fuſt baiſſee pour paſſer plus com-
modément, mais aduertie du paſſage de voſtre Majeſté, ſe rendit auec vne extreme ardeur &
prompte celerité, au lieu où vous
auiez paſſé: & encore que l'eau
fuſt fort grande & haute, ils ſe ietterent à l'inſtát par vne gráde impe-
tuoſité, & cóme à corps perdu ſe mirent tous peſle meſle à paſſer ce bras
de mer, tenans la victoire toute certaine, veu que voſtre Majeſté auoit
paſſé. La nuict laiſſa voſtre armee
auec vne extreme impatiéce de voir

le iour où ils deuoient faire preuue
de leur valeur & courage. Cependát
voſtre Majeſté veilla toute la nuict,
& la paſſa à mettre l'armee en ordre
pour combattre l'ennemy. Toute
l'antiquité a grandemét loüé ce dire
d'Ageſilaus, qui ſe glorifioit plus de
ce qu'il ſçauoit bié cómander que de
ce qu'il eſtoit Roy. Et non ſans cauſe, car à la verité la naiſſance vous a
donné le Royaume, & aux autres la
fortune les donne & les oſte quelque fois, mais la ſeule vertu donne
la prudence de bien commander.
Xenophon recite en ſon hiſtoire
que les ſoldats prenoient courage
quand aux batailles, & au plus fort
des dangers ils voyoient la face
gaye & riante de Clearchus. On vous
a touſiours veu gay & riant quand
vous alliès au combat, cóme ſi vous
eſtiez certain de la victoire, que la

fortune ne pouuoit refuser à l'asseu-
rance de vostre visage. Au point du
iour vostre Majesté ayant fait auan-
cer son armee auroit en peu de téps
deffait l'armee ennemie, de laquelle
seroiét demeurez trois mil morts sur
la place ; tous les chefs , gentils-
hommes & soldats prins prisóniers,
le canon gaigné, toutes les ensei-
gnes prinses, le sieur de Soubise auec
quelques vns s'estant sauué. On disoit anciennement qu'il n'appartenoit qu'à Iupiter de lancer le foudre;
qu'autre qu'Hercules ne pouuoit
manier la massuë. Aussi il n'appartient qu'à vous d'emporter les victoires ; en cela imitant Alexandre
qui ne s'adonnoit à autre art que de
vaincre. Ce combat est si merueil-
leux qu'il ne se peut descrire sans
soupçon de flatterie, lire qu'auec
estonnement, croire qu'auec admi-

D iiij

ration, admirer que comme incroyable. vn Roy s'eſtre mis entre deux mers contre des ennemis qui s'eſtoient campez en lieu grandement aduantageux qui leur pouuoit ſeruir de fort & de rempart, Pour diſſiper toutes les trouppes de ceux qui les voudroient aſſaillir, ils auoient du canon & des vaiſſeaux pour leur retraitte, & vous n'en auiez point, tous les aduantages eſtoient à eux, & neantmoins la victoire vous demeura: auſſi les victoires vous ſont ordinaires puis que vous ne combattez iamais ſans vaincre. Et comme Cyrus menant ſon armee contre le Roy d'Armenie, diſoit à ſes gens que ce n'eſtoit qu'vn de ſes exercices ordinaires, vos victoires ſe tiennét main à main, & cóme on diſoit des Lacedemoniés, vo⁹ accumulez victoires ſur victoires, comme ſi ce qui eſtoit paſſé eſtoit effacé , ne penſant pas auoir vaincu ſi vous ne continuez à vaincre. Et c'eſt ceſte incomparable magnanimité qui loge en voſtre ame comme en ſon propre ſejour, qui vous a donné autant de victoires & de triomphes qu'à tous les autres Princes de la terre enſemble. C'eſt par elle que Dieu faict voir les grands effects du ſoin particulier qu'il a de la conſeruation de ceſte monarchie. Vous eſtes ſi prompt à la guerre, que vous combattez pluſtoſt que d'autres ayent choiſi le lieu pour combattre , vous auez pluſtoſt vaincu que d'autres n'ont combattu, vous eſtes auſſi toſt armé que veſtu, combattant auſſitoſt qu'armé , victorieux comme combattant, triomphant comme victorieux: Prince à qui le ciel a donné

plus de courage qu'il ne falloit pour
la cóqueste des módes d'Anaximan-
dre, le miroir & patron où les Cesars
& Alexandres apprendroient à combattre s'ils viuoient ; duquel la vertu
force la fortune , qui par son seul
nom iette la crainte, frayeur & terreur dans le cœur des ennemis.
Prince inuincible qui leur fait con-
fesser qu'il peut sur eux ce ~~qu'il~~
qu'il veut, & que comme disoit Eu-
menes , ne recognoissoit rien de
plus puissant que luy tant qu'il auoit
l'espée au poing. Vous seul pouuez
dire ce que Lysimacus s'attribuoit
vainement, qu'il touchoit du bout
de sa lance au Ciel. Car ayant rempli
toute la terre d'estonnement , vous
auez si haut esleué la reputation de
vostre espée, & de vostre valeur qu'a-
uec la pointe vous auez escript
dans le Ciel, & dans l'Eternité mes-

mes les caracteres de vos triomphes,& rendu voſtre nom ſi puiſſant
que vous eſtes redouté de tout le
monde.

Apres ceſte victoire,paſſant voſtre
majeſté en Guyenne,& de là en Lan-
guedoc,ayant reduit pluſieurs villes
en voſtre obeïſſance : ſur les tres-
humbles prieres & ſupplications de
ceux de la religion pretenduë refor-
mee,qui vous auroient promis fide-
lité & obeïſſance, vous auriez accor-
dé par nouueaux Edits & nouuelles
declarations,vn pardon & abolition
general des iniures receuës, & rendu
les teſmoignages de voſtre bonté,
douceur & clemence ; & par vn Edit
de paix voulu enſeuelir la memoire
de tant de maux paſſez,ſçachant, cóme diſoit Pindare,que les Dieux n'a-
uoient pas vn meilleur remede ſur
le paſſé que l'oubly. Vousauez vou-

lu practiquer à la fin de ceste guerre ciuile , ceste saincte & salutaire remonstrance que fit le Roy
Theodoric escriuant à nostre grand
Roy Clouis , apres qu'il eut heu-
reusement défait les Allemans ,
que les plus fortunées victoires
estoient celles qui fermoient les
batailles par vne douce issuë. Anciennement à l'entree des Roys
victorieux, on iettoit par les ruës des
branches d'Oliues; d'autant que d'elles se tire l'huille, dont ils sont oincts,
pour symbole de la clemence : par
laquelle les Roys doiuent moderer
l'excez de leurs triomphes. Entre les
Abeilles le Roy n'a point d'esguil-
lon , la nature luy a osté son dard,
& a desarmé sa colere ; pour nous
monstrer que les armes naturelles
d'vn Roy sont la clemence & la benignité. Elien dict qu'il se trouue

vne espece d'Aigle qui ne vit point
de proye , & se contente d'herbes. Tout cela se rapporte à la douceur & clemence des Roys ; laquelle gaigne plus de cœurs que les canons de citadelles , apporte plus
de victoires que l'espée de triomphes : acquiert à la posterité plus
de lauriers , que la valeur de palmes & trophées. Marc Antho-
nin Empereur , surnommé le Phi-
losophe, disoit qu'il n'y auoit chose au monde qui rendist plus re-
commandable aux nations vn Empereur Romain , que la clemence :& pource il ne voulut iamais permettre d'vser de rigueur & seuerité
enuers ceux mesmes qui s'estoient
reuoltez contre luy. Cleomenes
auoit raison de dire que le vray offi-
ce des Roys estoit non seulement de
bien faire à leurs amis : mais aussi

des ennemis en faire de bons amis
ce qui se faict par la clemence. C’est.
ceste vertu qui a tant acquis de Prouinces,& de peuples aux Romains,&
qui a grandement fauorisé leurs có-
questes. Lucullus disoit qu’il aymoit
& desiroit plus les loüanges qui pro-
cedoient de bonté & clemence,que
celles qui naissoient de la force des
armes. Pource qu’il disoit que son
armée,& la fortune, prenoient part
aux vnes, & les autres estoient pro-
pres à luy. Et Cesar escriuoit à ses
amis àRome, que le plus doux fruict
qu’il receuoit de ses victoires, estoit
qu’il sauuoit tous les iours la vie à
quelques vns de ses citoyens,qui
.auoient porté les armes contre luy:
Aussi ceste clemence l’auroit tellement fait priser & estimer,qu’elle le
fit mettre au catalogue des Dieux, &
fut decerné qu’on feroit bastir vn

temple de la clemence, pour luy rendre graces de l'humanité dont il
auoit vsé en ses victoires. Et on disoit de Scipion, que ses ennemis
auoient souuent experimenté sa vertu, & les vaincus sa misericorde.

La clemence, benignité & man-
suetude que la nature a mis en vous
est plus rare & plus excellente que
toutes les loüanges, que la force &
les armes vous peuuent apporter : la
fin de la guerre c'est la victoire, la
fin de laquelle consiste principale-
ment en la clemence. Vous auez
vaincu tous ceux qui ont osé resister
à vos armes, & embrassé les autres
qui volontairement se sont soubmis
à vous. Et comme la foudre ne brise
que ce qui luy resiste, & ne fait point
de mal à ce qui cedde à son coup.
Aussi vostre Majesté n'a fait sentir sa
rigueur qu'à ceux qui l'ont voulu su-

perbement heurter, & s'opposer à
son auctorité, pardonnát à tous ceux
qui ont humblement recogneu son
iuste pouuoir. En quoy vous auez
imité le Lyon genereux qui n'offen-
ce iamais ceux qui se iettent à terre,
se contentant de faire cognoistre ses
forces, où il trouue de la resistance.
Vous auez faict voir que vous ma-
niez l'espée,& le caducée, la guerre
& la paix à discretion. Et comme anciennement le caducée des Gephi-
riens portoit l'Oliue, rameau & en-
seigne de paix, pour les paisibles, &
sembloit menasser les mutins. La
bonté de vostre Majesté est sembla-
ble à la lance, & salutaire & mortife-
re d'Achille, qui blessa & guerit The-
lephus Roy de Misie, donnant la
playe & le remede. Hercules pour ses
armes, portoit vne massuë faicte de
bois d'Oliue ; laquelle apres tant de

grand

coups donnez, eſtant replátée creut
en vn grand Oliuier, & dict-on que
la plus part de ſes voyages ne furent
entreprins que pour trouuer l'Oliuier, & le tranſporter en la Grece,
pour couronner les vainqueurs aux
jeux Olympiques. Et quel a eſté le
but de vos combats, ſinon que la
paix? Les Princes Thebains, qui ſui-
uirent Polynice à la guerre de The-
bes, mangeans enſemble en la cam-
pagne, vn aigle ſuruint qui emporta
la lance d'Amphiaraus; & l'ayant
portée bien haut en l'air, la laiſſa tó-
ber en terre, où elle entra aſſez auác,
& ſe conuertit en laurier. Auſſi vos
armes victorieuſes ont eſté eſleuées
ſi haut, qu'aſſiſtees de la faueur du
Ciel, elles ont eſté conuerties en lauriers verdoyans de paix : Lauriers ſur
leſquels la France viura, aſſeurée ſans
crainte des foudres de la guerre, &
E

ceinte de ces fueilles, triomphera en vne grande & profonde paix : vos peuples enuironnez de ces lauriers pourront dormir feurement & paſſer leurs iours en toute ioye & alle-greſſe: Et ne faut craindre que ces lauriers couurans & enuironnans voſtre teſte , puiſſent à l'aduenir iamais ſe ſeicher & fleſtrir : ains comme les arbres qui eſtoient à l'entour de la ville de Memphis, cóſerueront à iamais la verdeur de leur beauté: ces lauriers & ces palmes fleuriront touſiours , & croiſtront à vos pieds, comme iadis elles firentà Trales au temple de la victoire ſoubs la ſtatuë de Ceſar.

La temperance qui accompagne en vous les autres vertus, la pureté de vie & continence , de laquelle Dieu vous a doüé, vous rend enco-res plus admirable. Vertu ſi rare en

la perſonne des Roys, qu'elle ne peut
eſtre aſſez hautement & dignement
loüée. Les victoires qu'obtint Alexandre contre Darius furent memo-
rables : mais il a eſté beaucoup plus
eſtimé de ſ'eſtre vaincu ſoy meſme
par ſa continence admirable enuers
la femme & les filles de Darius, qui
eſtoient les plus belles princeſſes de
leur ſiecle. Scipion a eſté grandement loüé de n'auoir voulu voir vne
femme d'vne excellente beauté ; laquelle les loix de la guerre & des armes auoient reduit en ſa puiſſance,
& de l'auoir renuoyée à ſon mary. La
continence d'Alexandre & de Scipion n'eſt que l'ombre de celle de
voſtre Majeſté, & la plus grande des
loüanges de ceux-là eſt la moindre
des voſtres, bref toute voſtre vie, vos
mœurs & vos actions font voir auec
vn eſtonnement incroyable qu'au

cun des vices, ou imperfections, qui peuuent diminuer l'esclat des vertus des autres Princes , ne peut prendre part en vous: & que les delices & plaisirs imaginaires qui semblent estre attachez à l'ardeur de vostre aage, & à la grandeur de vos victoires & prosperitez , ne peuuent esbranler la fermeté de ceste vertu incomparable, qui redoute encore moins les efforts de tous les vices que ceux des armées ennemies. Ceste temperance fait voir en vostre face vne douceur conioincte auec vne grauité,vne douce seuerité auec vne grace.On y voit reluire vne heroïque apparence & Royalle Majesté accompagnée d'vne viuacité & gayeté naïfue:vostre naturel & vos actiós sont cóposées de telle sorte, qu'elles estonnent & delectent tout ensemble ceux qui ont l'honneur d'appro-

cher de vous. C'est auec ceste douceur & benignité que vous donnez
accez libre à vn chacun, & entendez
tous ceux qui desirent vous parler.
Ceste Majesté qui reluit en vous, au
lieu d'esblouir la veuë de ceux qui
vous approchent, les attire douce-
ment, vous receuez auec vostre visage graue & doux tout ensemble, les
plaintes de tout le monde. Les rayós,
les diuins caracteres grauez sur vostre front reluisent beaucoup plus
que l'image d'Hecate au temple de
Diane en Ephese, où les Prestres ad-
uertissoient le móde de ne le regarder pas de trop pres: & neantmoins
vous vous abbaissez tát, que vous dó-
nez audience à toute sorte de gens,
vous escoutez tousiours, & ne vous
pouuez lasser d'escouter doucemé-
nt Ceux qui parlent à vous, res-
semblant à l'image representée

dans vn miroir, laquelle ne peut faire qu'en tout temps & en tout lieu
auec les bras ouuers , & vn visage
riant, ne s'offre & aille au deuant de
celuy qui se mire. Il n'estoit pas loisi-
ble de voir le Palladium qui estoit
pour la conseruation de la ville de
Troyes, & l'vn des habitans d'icelle
l'ayant voulu regarder, il perdit la
veuë. Vous estes né pour le bien &
salut de la France : & neantmoins il
est permis à tout le monde de vous
regarder, & la veuë est salutaire &
profitable à tous vos subjets. La veuë
des Roys est à leur peuple, ce que l'ó
tient la veuë de l'Austruche, & de la
tortuë estre à leurs petits qui les viui-
fie. Ce que l'actiue influence de la
Lune est au Cynocephale animal
sacré des Egyptiens, qui par son de-
clin le priuant de la lumiere, le priue
aussi de veuë, de sentiment, & pres-

que de vie: mais par son retour luy
faict hausser la teste, luy donne sa
premiere clarté, & le remet en son
entiere vigueur. Vous ne faictes pas
comme ce grand Roy de Perse ; lequel estant en vn chasteau superbe
& magnifique, enuironné de trois
haultes murailles, ne se communi-
que sinon à vn petit nombre de ses
amis: ny comme les Roys d'Ethiopie, des Tartares, & des Turcs, qui
ne veulent pas mesmes que leurs
subjets iettent la veuë sur eux : ny
comme ceux de Mexico: depuis que
les ceremonies de leur sacre sont pa-
racheuées, n'osent plus les regarder
au visage. Trajan a esté loüé de s'e-
stre arresté auec toute son armée à la
voix & plainte d'vne pauure & sim-
ple vefue. L'Empereur Antonin
estoit d'vn si doux & si facile accez,
qu'il tendoit la main à tous ceux qui

vouloient aprocher de luy, & deffen-
doit à ſes gardes d'épeſcher perſóne
de parler à luy. Artaxerxes, non ſeulement donnoit libre accez , & audience à tous ceux qui auoient à
faire à luy : mais qui plus eſt com-
mandoit encores à ſa femme de le-
uer la tapiſſerie qui couuroit & bou-
choit ſon chariot ; afin que ceux qui
voudroient parler à elle par les che-
mins euſſent l'accez libre. On dict
que Scipion outre la grande douceur de ſon eſprit, monſtroit en ſon
viſage vne grace ioincte auec vne
Majeſté, & eſtoit auſſi fort doux &
gracieux à ceux, qui s'addreſſoient à
luy. Nous liſons d'vn Empereur de
Conſtantinople, que lors qu'il vouloit ſortir de la ville, il eſtoit accompagné de trompettes qui reten-
tiſſoient par tout ; afin qu'vn chacun du peuple qui ſe ſentiroit of-

fencé, peuſt faire ſes plaintes, & auoir
iuſtice : mais voſtre peuple n'attend
pas le ſon des trompettes, lors que
vous ſortez de vos maiſons Royalles
pour vous demáder iuſtice ; veu que
la porte eſt ouuerte à tout le móde :
vous donnez facile accez, & audience à tous ceux qui veulent parler à
vous, & la poſterité receura auec
plus d'admiration que de croyançe,
ceſte grande douceur & facilité : & il
n'eſt pas permis d'aduantage à voſtre peuple de voir le iour & le Soleil
qui eſt commun à tout le monde,
que de vous voir : & encores qu'ordinairement on ſe laſſe de ce qu'ó voit
tous les iours : iamais les yeux de ceux
qui vous voyent ne ſont las de vous
voir & admirer : eſtant preſent on
vous deſire encore : & cóbien qu'on
ne deſire que les choſes abſentes, le
deſir de vous voir ne peut ceſſer

par voftre prefence , tant l'amour eft imprimé au cœur de vos fubiets.

Auffi en toutes les villes où vous paffiez pendant vos voyages, leurs cœurs touchez d'amour , & leurs ames d'admiration vous reueroient en vous voyant ; tout le monde iettoit & attachoit les yeux fur vous; les enfans, les ieunes & les vieux, tout le peuple venoit à troupes comme s'il n'y auoit rié qui meritaft les yeux de tout le monde que vous : on les entendoit éleuant leurs voix, & priant Dieu que vous fuffiez toufiours en la garde & protection du Ciel, vous appellant le patron & le miroir des Princes, vous fuppliát de les maintenir fous la valeur de voftre courage, & fous la vertu de voftre efpée, qui font les mefmes vœux & difcours que faifoient les Romains à l'Empereur Probus. Il n'y auoit ordre, condition, sexe & aage , dans les villes où vous passiez, qui ne priast Dieu pour voſtre proſperité : les Egliſes, les places , les maiſons pleines de voix, & d'aplaudiſſemens d'alegreſ-ſes, ſons d'inſtrumens, concerts de muſique, auec vne harmonie excellente faiſoient voir vne telle reſiouiſſance, qu'il ne ſe peut dire, ny exprimer : & le bruit de la multitude de canons & trompettes meſlez, monſtroient que vos peuples vous receuoient auec vne allegreſſe incroyable. Auſſi ces douces acclamations ſurpaſſoient en affection, & en magnificence, toutes celles que les hiſtoires ſemblent particulierement vouloir remarquer pour nous les faire admirer. Le plus grand contentement des Empereurs Romains parmy leurs triomphes eſtoit le battement des mains , & l'acclama-

tion publique des citoyens, souhait-
tans la vie, la valeur, & la felicité à
leurs souuerains. Nous lisons dans
l'histoire Romaine les acclamations,
les cris de bon augure, que les Romains auoiét accoustumé de faire à
l'arriuée de leurs Empereurs. A l'entrée de l'Empereur Antonin on luy
disoit, les Dieux nous ont donné
Antonin pour pere, nous auons
Antonin, nous auons tout. Et à
l'Empereur Alexandre, les Dieux
nous l'ont donné, les Dieux nous le
conseruent, & les Dieux le rendent
immortel. Nous sommes heureux
souz son Empire, & l'Empire est bié
heureux souz luy. Vostre vie loüable
entrelassee de diuerses vertus ressem-
ble à ce Labyrinthe de Candie, d'où
on ne se pouuoit retirer, tant qu'il y
auoit d'entrées & de sorties. La nature vous a doüé de toute l'excel-

lence qui eſt en elle , & l'art donne liberalement tout ce qu'il pouuoit acquerir.

Par vous le ſiecle doré tant celebré par les anciens , doit confeſſer auoir eſté imparfaict, par ce que vous n'auez pas veſcu en ce temps là. Il ſemble que la nature ayt faict en vous ſon dernier effort, vous gardât pour vne forme & idée de ſon art, & de ſes plus belles œuures. Mais encore que la renommée auec ſa viteſſe & legereté face reſonner voſtre nom , qu'auec ſes aiſles elle le porte aux regions les plus loingtaines , & aux parties du monde les plus eſloignées , qu'elle donne ſes plumes aux hiſtoriens pour eſcrire vos loüanges : elle ne prendra iamais ny repos ny ſommeil : & quoy qu'elle face , elle ne changera pas pour cela de couſtume

Elle sera tousiours mensongere.
Mais en parlant de vostre Majesté
tout autrement que des autres : car
en parlant des autres, elle le sera par
l'excez , & pour en dire beaucoup
plus qu'il n'y en aura. Et en parlant
de vostre Majesté, elle sera mensongere par deffaut & manquement,
pour n'en dire pas assez. Vne vertu
est liee auec vne autre , la prudence
auec la magnanimité, la iustice auec
la pieté, estant auec vn si doux tem-
peramét, si bien disposees que l'vne
n'est pas empeschee par le mouue-
ment de l'autre. Vostre vie est vn
theatre de vertu, ayant formé en vostre cœur vne pieté auec vn zele au
seruice de Dieu. Qui veut voir la iustice , qu'il la contemple en vos loix,
qui desire la verité, examine vos paroles, & vos promesses. Qui cherche
la vaillance, qu'il voye vos cóbats,&

considere vos victoires. Qui a enuie
d'esleuer à la clemence des trophees,
qu'il côte les ennemis que vous auez
sauué, recompensé, donné la vie, &
rendu l'honneur, leur laissant ceste
seule plainte que leurs injures ne
peuuent aller si auant que la grace
de vos bien-faicts. Vos vertus sont
infinies & sans nombre. Vous portez
tousiours la Religion dans l'ame, la
prudence en l'esprit, l'experience en
la memoire, la sagesse en l'entende-
ment, la bonne intention en la vo-
lonté, la grace au visage ; La facilité
aux oreilles, la magnanimité à la
poictrine, la force au cœur, la verité
en la langue, la valeur au bras, la li-
beralité aux mains, la justice en toutes vos paroles, l'innocence en vos
actions, la temperance en tous vos
sens, meur à deliberer, soigneux à ordonner, prompt & diligent à execu-

ter, doux à cómander, aymé des bós,
craint & redouté des meſchans, amy
de la verité, ennemy du vice: en vous
chacun trouue, ſelon qu'il a beſoin:
la France vn bon Roy, l'Egliſe vn
puiſſant defenſeur, le peuple vn pere, la juſtice vn chef, les bons vn
ſupport, les doctes vn Mecœnas, les
ſoldats vn capitaine, les pauures vn
bien-faicteur, les Nobles vn prote-
cteur. En fin en vous ſont en gros
toutes les vertus que les autres n'ont
qu'en deſtail, comme on diſoit de
Theodoſe l'Empereur : vous eſtes
plus iuſte que Numa, plus vaillant
qu'Alexandre, plus clement que Ceſar, plus veritable que Traian, plus
pieux qu'Antonin, plus doux que
Tite, plus affable que Theodoſe,
plus heureux qu'Auguſte, plus tem-
peré que Scipion. Et s'il faut vous
comparer auec nos Roys, vous ſurpaſſez

passez Clouis en Religion, Dagobert
en deuotion, Charlemagne en courage, Louys premier en continence,
Robert en équité, Charles cinquief-
me en fageffe, Louys douziefme en
bonté, & imitez Sainct Louys en
faincteté. Ie ne peux entrer plus
auant au difcours de vos vertus &
perfections. Car fi on veut des difcours pour louër les merueilles de
voftre vie, l'vniuers en eft le theatre,
la renommee les trompettes, l'im-
mortalité le triomphe. Autre que
Hercules ne pouuoit mefurer la car-
riere olympique. Autre que luy ne
pouuoit bander fon arc, autre que
luy ne fe pouuoit parer de la def-
poüille des Lions, autre que The-
feus ne pouuoit porter cefte maffuë,
autre que vous ne peut faire ce que
vous faictes, vous eftes le vray Hercules Gaulois, dompteur de mon-

ſtres : & ceux qui ſçauent voſtre valeur & courage inuincible, les victoires que vous auez gaigné, les
places que vous auez forcé, les prouinces que vous auez ſubiugué, les
ennemis que vous auez dompté, les
riſques & fortunes que vous auez
couru, les difficultez grandes que
vous auez franchi, les deſtroicts &
perplexitez que vous auez paſſé, les
merueilles que vous auez faict, le
nom, le bruit, le credit & la gloire
que vous auez acquis par-toute la
Chreſtienté ; ne s'eſtonneront pas ſi
on vous compare à Hercules.

Licurgue eſtant allé à la ville de
Delphes, apres auoir ſacrifié à Apol-
lon en rapporta ceſt oracle, par lequel la Pythie l'appeloit amy des
Dieux, & Dieu pluſtoſt qu'homme.
Marcellus ſouffrit qu'on fiſt deſcen-
dre des couronnes ſur ſa teſte auec

des tonnerres & des esclairs d'artifi-
ce. Alexandre ayant passé les deserts
arriua au temple qu'il cherchoit, &
Dieu luy fit entendre qu'il seroit
Monarque de tout le monde. Tous
ces titres & honneurs vous appar-
tiennent encore mieux qu'à Licurgue, Marcellus, Pompee, & Alexandre : & pour representer dignement
ce que vous meritez, il faudroit autant d'Homeres trompettes de vostre gloire, que vous auez de particulieres vertus. On disoit de The-
seus qu'il estoit né pour commander, ayant de nature vne grace d'at-
tirer les hommes volontairement
à luy obeir. Ceste grace est si na-
turelle en vous, qu'on ne vous
peut voir sans vous aymer ; &
comme l'aymant vous attirez le
cœur de tout le monde, le plus
interieur des ames, & toutes les affe-

étions aussi-tost que les yeux. Cest esprit judicieux, ceste face si auguste rauissent en admiration tous ceux qui vous regardent: Prince auquel quand on donneroit autant de couronnes, que l'on en conta en la pompe de Ptolomée,& aux funerailles de Sylla:autant que Neron en dedia au Iupiter du Capitole : & qu'elles seroient de cinq à six coudées,comme celles que la Grece presenta à Berenice sur des chariots dorez, elles n'esgalleroient iamais le merite des vertus que Dieu à versées en grande abondance sur vous. Toute l'Europe vous reuere comme le premier ornement de ce qu'elle a iamais produict d'illustre, & de grand aux Majestez souueraines. Enfin vostre vie est vn tableau si plein, qu'il n'y a rien qui n'arreste l'œil, n'esleue le iugement,& ne tire l'admiration :

& me laiſſant tranſporter aū diſ-
cours de vos loüanges, les loüanges
ſe conuertiſſent en merueilles , & les
merueilles en ſilence , comme ceux
qui regardoient Meduſe en l'admi-
rant ſe conuertiſſoient en pierres.

Et eſtans vos ſubjects ſi heureux
de viure ſoubs vn ſi bon, ſi grand, ſi
iuſte & ſi vaillant Prince, ils ne peuuent ſouhaiter ny deſirer autre choſe; ſinon que voſtre vie ſoit longue,
& de grande durée. Les Roys de Perſe eſtoient adorez par leurs ſubjects,
comme Artaban Capitaine des Gardes , diſt à Themiſtocles. Xerxes
eſtant tourmenté d'vn orage en vn
nauire, où eſtoient auec luy ſes Princes, comme le pilote leur diſt que le
nauire eſtoit trop chargé : apres
auoir adoré le Roy ils ſe ietterent
dans la mer pour garantir ſa vie par
leur mort. Et comme les Perſes, au

rapport d'Herodote , ne faiſoient
point d'autres prieres aux Dieux, que
pour la ſanté & proſperité de leurs
Roys, deſquels dependoit tout leur
ſalut & bon-heur: auſſi par nos vœux
& prieres nous ne demanderons pas
au Ciel la ſeureté de nos fortunes, ny
l'accroiſſement de nos honneurs, ny
les longs iours de nos felicitez : nous
ſouhaitterons ſeulement vne choſe
qui comprend tout cela, voſtre vie,
ſanté & proſperité. Priant Dieu qu'il
luy plaiſe donner, non des années,
mais des ſiecles entiers à voſtre vie,
& la prolonger tellement, que voſtre mortalité ſoit vne eſpece d'im-
mortalité.